UNE

OPINION POLITIQUE

A PROPOS DES ÉLECTIONS

CAHORS

IMPRIMERIE DE A. LAYTOU

rue de la Mairie, 6.

1869

AU LECTEUR

Cet écrit était destiné à paraître avant les élections : il n'y a pas été changé un mot.

Pourquoi n'a-t-il pas été publié avant et pourquoi l'est-il après ? Voilà deux questions qui se posent naturellement et auxquelles il est bon de répondre.

Il n'a point été publié avant les élections, parce que, soucieux de nous occuper des principes plutôt que des hommes, nous avons craint de paraître agir dans un sentiment politique non entièrement dégagé d'intérêt personnel.

S'il l'est après, c'est qu'il nous a paru renfermer certaines considérations de nature à éclairer l'opinion sur les résultats moraux de l'enquête élective, et qui peuvent être aussi utiles à fixer la conduite d'un représentant qu'à fournir des arguments propres à affermir sa candidature.

A. CALMELS.

Cahors, le 24 juin 1869.

UNE

OPINION POLITIQUE

A PROPOS DES ÉLECTIONS

Remonter un courant exige toujours des efforts considérables. Au milieu d'un mouvement révolutionnaire, anarchique, parler d'honneur, de vertu, dire que le mot *devoir* est corrélatif du mot *droit*, serait prêcher dans le désert, parler à des oreilles inattentives ou prévenues, ce serait vouloir convaincre des hommes sourds ou malveillants. Qu'aujourd'hui, dans un club de la capitale, un honnête homme, un ouvrier surtout, fasse une motion favorable à la règlementation du travail, à la garantie qui est due au fruit du tra.

vail, le capital, — à la nécessité de rappeler les masses au sentiment des principes sur lesquels repose et reposera toujours l'ordre social : la famille, la religion, il sera hué, conspué, houspillé, étouffé, jeté à la porte ! — Aussi bien en un temps où le principe d'égalité est surfait dans les idées, surmené dans la pratique, dans une société où l'instituteur primaire est plus adulé qu'un professeur de faculté, où le facteur rural inspire plus de sollicitude qu'un chef de service quelconque, dans une société où l'enfant apprend à dédaigner le travail du sol, où l'homme méprise les emplois quelque honorables qu'ils soient s'ils ne sont pas lucratifs, où la femme apprend à rougir des apparences modestes, où chacun convoite plus qu'il ne peut avoir et porte envie à celui qui possède plus que lui, sans plaindre celui qui possède moins ; dans une société où le valet parle plus haut que le maître, où la femme honnête n'est pas plus respectée que la courtisanne, le prêtre moins qu'un soldat, — parler raison est hardi et superflu, cela est téméraire ! — il n'importe. Il nous est avis qu'il ne faut jamais mentir à sa conscience, surtout se taire quand le devoir a prescrit de parler.

Il y a deux éléments qui doivent nécessairement concourir à la direction matérielle et morale d'une société quelconque : les classes éclairées et les classes aisées ou riches. Que le gouvernement d'une société affecte une forme plutôt qu'une autre, qu'il soit démocratique ou aristocratique, qu'il vive sous l'empire du suffrage populaire, universel ou restreint, il nous paraît impossible d'admettre que ces deux éléments n'aient point un ascendant irrésistible. La logique et la raison proclament la vérité de ce principe. Il serait absurde de dire, par exemple, qu'un homme du nom de Thiers ne doit pas avoir sur les masses, un empire plus grand qu'un homme illettré ; de même il est absurde de dire qu'un homme riche n'est point un homme plus sincèrement attaché à l'ordre public que le dernier prolétaire.

Il n'est personne qui n'ait entendu parler de la fameuse école des doctrinaires, de cette école d'hommes austères, savants, probes, qui avaient nom Royer Collard, Benjamin Constant, Guizot, et qui ont gouverné la France depuis 1814 jusqu'en 1848. Quel était son principe? C'était que les classes moyennes devaient diriger le mouvement social. Ces hommes voulaient-ils dire que la *bourgeoisie*, personnification des classes moyennes, devait saisir le timon des affaires et traiter la nation en pays conquis, faire les lois à son profit, distribuer les faveurs, trafiquer des emplois, en un mot, hériter des priviléges de la noblesse après l'avoir renversée? Non. Sans nul doute ces hommes voulaient dire que la bourgeoisie, réceptacle naturel des débris des classes supérieures, des éléments meilleurs des classes d'en bas, composée principalement de citoyens recommandables par le talent, l'honnêteté, l'application des principes d'ordre et d'économie, par la fortune, était digne et capable de diriger le mouvement des affaires publiques, et ils avaient raison! Ils penseraient aujourd'hui de même, ces hommes! Le cataclysme du 24 février, quelque profond qu'il ait été, ne les convaincrait point que les classes éclairées et les classes riches ne doivent pas exercer une influence dominante sur le mouvement social.

Mais nous n'irons pas plus avant sans décliner d'où l'auteur de cet écrit vient, ce qu'il veut et où il va. Une explication franche fait juger les convictions, les justifie ou les condamne : la vérité nous éclaire tous.

Nous ne nous proposons pas de faire une profession de foi à propos d'élections. Nous en avertissons le lecteur afin qu'il ne nous taxe point de présomption ; il en aura l'entière certitude après nous avoir lu. Ceci admis, et cette réserve nous mettant personnellement bien plus à l'aise, nous dirons que notre but a une tout autre portée. Il est de ces moments où l'obscurité de la nuit fait regretter le phare que le rivage accidenté dérobe à notre vue, où le tumulte d'une assemblée théâtrale vous égare sur le sens du drame et sur le caractère des personnages, où le chaos des idées de la place publique trouble vos esprits et vous fait chanceler dans la ferme application de vos principes ! Nous voulons résumer les impressions complexes de notre situation politique, nous recueillir et dire sans détour notre pensée, afin de provoquer les manifestations d'hommes

si non plus consciencieux du moins plus
judicieux que nous, et d'éclairer ainsi la
conduite du citoyen honnête dans les con-
jonctures où nous sommes. — Un organe
influent de l'opinion publique demandait,
il y a peu de temps, que toutes les opi-
nions soient représentées à la Chambre,
de manière à ce que celle-ci soit l'image fi-
dèle de la France, et que le pays sache ce
que chaque parti pense sur l'ensemble des
questions sociales, économiques, financiè-
res et commerciales. Il faut parler, voilà
notre raison d'agir.

Qui nous sommes? nous sommes un
enfant de la bourgeoisie : de cette bourgeoisie, aujourd'hui méprisée et si fort
calomniée qu'on semble vouloir insulter à
un ennemi vaincu ! De cette bourgeoisie
issue d'une forte race qui enfanta les héros
de la Gironde, tombés victimes de leur
amour pour la liberté, et qui, seule, a conquis les libertés de 89 !

En vérité les partis sont bien coupa-
bles d'aveuglement ou d'ingratitude. Eh
quoi ! la bourgeoisie aurait démérité du
peuple pour avoir, en 1814, obtenu la
concession d'une charte ; en 1830, chassé

une monarchie parjure et implanté une monarchie libérale ; pour avoir en février 1848, alors que la foudre révolutionnaire éclatait et que la démagogie victorieuse avait ébranlé la société jusque dans ses fondements, acclamé la république et l'avoir adoptée dans la personne d'un homme d'épée, non point, comme on a dit, en haine d'un prince dynastique, mais par amour du bien public ! pour avoir enfin reconnu le gouvernement de l'Empereur, et l'avoir secondé dans la mesure de ses forces ?

Non certes, nous ne rougissons point de notre origine; nous en sommes fiers, au contraire. Nous nous honorons d'appartenir à cette bourgeoisie *inhabile* et *égoïste*, sans laquelle sans doute l'affranchissement du peuple n'eût point été fait et qui a tant contribué à l'établissement de ce régime où le bien-être des classes populaires n'est que l'épanouissement des libertés qu'elle a conquises.

Est-ce à dire que nous soyons de ces hommes qui demandent la restauration des dynasties anciennes, qui réclament l'intronisation du régime parlementaire, qui se refusent systématiquement à l'établissement d'une république ? Point : et c'est par là qu'il sera facile de comprendre où nous allons ! — Nous n'avons jamais pensé que la satisfaction des intérêts légitimes d'une nation pût devenir le monopole d'une famille ; et jamais, nous le croyons, la bourgeoisie n'a entendu s'inféoder à une dynastie royale, quelques services qu'elle eût d'ailleurs rendus. Nous n'appelons point avec impatience des réformes, dont le progrès lent et sûr n'a pas encore proclamé l'opportunité ! Nous ne sommes point enfin de ces hommes qui se persuadent que le nom d'un régime fait à lui seul le mérite des institutions d'une nation, de ces institutions calquées sur les mœurs, avec lesquelles on amène insensiblement un peuple à l'amélioration de son bien-être moral et matériel.

Nous voulons personnellement être de ceux qui, faisant mépris d'accusations surannées et pénétrés de leurs devoirs sociaux, consentent à dire bien haut qu'ils ne sont point envers et contre tout *laudatores temporis acti*, comptenteurs du temps présent, et qu'il n'existe point pour eux des classes privilégiées ; qu'il n'y a point une aristocratie de naissance, c'est-à-dire de noblesse ; une aristocratie d'argent, c'est-à-dire de bourgeoisie ; que nous sommes tous du peuple, tous citoyens par le même droit et au même titre, qui recherchons sans arrière-pensée la forme de gouvernement plus compatible avec les tendances des hommes intelligents et honnêtes.

Voilà la pensée qui nous a conduits, faisant abstraction complète des visées de partis politiques et de castes sociales, à remonter aux grands principes, sous l'égide desquels l'intérêt public doit trouver son salut. Les classes éclairées et les classes riches ont une mission grave à remplir : celle de guider les classes populaires dans l'accomplissement de leurs devoirs sociaux, et de leur apprendre à faire un bon usage de cette arme puissante déposée entre leurs mains et qu'on nomme le suffrage universel.

Avec cette arme, si dangereuse en des mains inhabiles, les classes populaires sont maîtresses de leurs destinées ; avec elle, tout progrès véritable peut être obtenu. Il importe seulement de se pénétrer d'une vérité, c'est qu'une réforme n'est point durable si elle n'est sanctionnée par la réflexion et l'expérience à la fois, et si elle ne blesse point les intérêts respectables de quelque branche du corps social.

Voilà précisément cette grande mission qui incombe aux éléments dirigeants de la société moderne, et qu'ils doivent accomplir sans relâche, avec dévouement et sans regrets, avec confiance et sans reproches. Ils doivent l'accomplir surtout sans mettre en doute l'ascendant légitime qu'ils exercent sur les masses. S'abstenir serait une faute ; mais se diviser serait une maladresse inexcusable.

Eh ! quels motifs, grand Dieu ! de penser que des intérêts divergents doivent séparer les divers éléments sociaux ! N'avons-nous pas intérêt, par exemple, à ce que la fibre nationale française, si chatouilleuse, ne soit point surexcitée, et que le pays ne soit pas entraîné dans les sacrifices d'une guerre d'aventures ? N'avons-nous pas tous intérêt à fonder un régime qui garantisse la stabilité dans le présent et la sécurité dans l'avenir? à faire des lois sages, basées sur des besoins reconnus et appuyés sur la science d'observation, dont le but ne puisse être considéré comme une sorte de flatterie à des intérêts passagers ou particuliers, et dont la forme ne donne pas lieu à des tatonnements incessants? — à diriger l'esprit public vers les fonctions modestes et les travaux utiles : non point seulement le travail plus attrayant parce qu'il rémunère davantage le travailleur, mais ce travail consciencieux, opiniâtre, plus méritant parce qu'il est plus productif dans l'intérêt futur de la chose publique! — oui, car c'est là la source du luxe, cancer rongeur qui dévore le corps social et qui a déjà atteint la virilité de ses membres! —à mettre en honneur l'agriculture, moins par les récompenses pécuniaires et les faveurs honorifiques, moyens inefficaces quand ils sont équitablement employés, que par la modération de ces encouragements officiels qui flattent l'industrie et la stimulent d'une manière excessive. Oui! car l'agriculture est en France, plutôt qu'ailleurs, la première de toutes les in-

dustries ! — et si l'industrie et l'agriculture
sont les deux mamelles qui nourrissent
la société, il est peut-être vrai de dire que
l'industrie a quelque peu desséché notre
pays, mais que l'agriculture doit le forti-
fier désormais.

Si donc, bien accidentellement toutefois, nous voulions faire application à la
situation présente des principes que nous
venons d'exposer, nous dirions : il faut
choisir pour députés des hommes de lumière et d'expérience, des hommes d'ordre, de concorde et de paix. Nous ne pré-
tendons pas qu'il faille les désigner exclusivement dans un intérêt dynastique :
l'intérêt de la France domine pour nous
l'intérêt du Prince. De tels hommes se-
raient gênés dans leur action par l'esprit
de système ; d'ailleurs, sur une telle question, des divergences pourraient se produire : les uns convaincus que le gourne-
ment de l'Empereur manque de contrôle,
les autres pénétrés de cette idée que des
libertés sont concédées à la nation, qui
n'ont pas toute la maturité désirable, se
désuniraient. Nous voulons dire qu'il faudrait choisir des hommes pénétrés de res-

pect pour les grands principes, les principes d'éternelle vérité sur lesquels la société
repose.

Mais nous dirons aussi bien haut : N'en-
voyons point dans notre parlement des
hommes suspects de libéralisme outré, qui
se qualifient eux-mêmes *hommes d'opposi-
tion* socialistes ! Vous pouvez avoir l'assurance qu'ils sont hommes à idées précon-
çues, des hommes à doctrine arrêtée et
d'opinion systématique : ils ne peuvent
que contrarier l'appaisement des esprits,
aigrir les caractères et nous conduire aux
révolutions. Or, les révolutions sont le pire
des expédients. La révolution, c'est le trouble de tous les intérêts, la misère pour tous ;
c'est la haine des personnes ; c'est la ruine
du principe d'autorité, c'est-à-dire la con-
fiscation de nos libertés présentes et l'a-
journement indéfini des améliorations
successives que le progrès amène toujours.

« Concitoyens, nos meilleurs représentants seront ceux qui nous donneront
la paix intérieure et la paix du dehors !
Ceux qui donneront à la patrie le calme
dont elle a besoin, à la nation une ère
nouvelle de prospérité. »

II.

Nous avons examiné le côté politique
de notre sujet, nous voulons examiner le
côté économique et social.

Donnons encore cette assurance : nous
ne dirons rien au point de vue d'une op-
position dynastique. On commet, suivant
nous une erreur et une hérésie politiques,
en n'affirmant pas que les classes élevées
aient jamais agi contre le gouvernement
de l'Empereur, autrement que par groupes
. isolés et impuissants, animés d'ailleurs le
plus souvent par des motifs de reconnaissance privée. Lorsque la révolution de
1848 éclata, et dès lors que les passions
démagogiques eurent découvert l'abime
dans lequel la société toute entière
allait être engloutie, les classes supérieures purent bien croire sincèrement à
l'établissement d'une république ; elles
purent bien l'accepter loyalement. Seulement les unes et les autres l'acceptaient
sous la conduite d'un général d'armée,
d'un administrateur militaire, capable de

diriger ses destinées, avant tout de garantir l'ordre dans la liberté. De même lorsque le gouvernement de l'Empereur eût rétabli le principe d'autorité sur des bases solides, le péril social étant écarté, toutes les sympathies étaient naturellement rattachées à ce gouvernement : c'était une suprême loi de se rallier à un gouvernement fort et de le seconder. On l'a dit justement, jamais le gouvernement de Louis-Philippe ne fût tombé, si des clubs établis dans la capitale eussent menacé l'édifice social de destruction : il eût rallié à lui tous les intérêts menacés ; la garde nationale l'eût seule protégé ! Il serait aussi vrai de dire en ce moment que le gouvernement de l'Empereur ne pouvait trouver de meilleurs auxiliaires pour les élections, que les orateurs aux diatribes violentes, aux doctrines subversives, exhumées par la concession récente du droit de réunion. — Ainsi, par instinct sinon par devoir, par intérêt sinon par reconnaissance, les classes élevées ont agi de bonne foi dans un sens conservateur.

Élevons-nous donc au-dessus de ces préjugés vulgaires et de ces erreurs ma-

nifestes qui consistent à dire que des partis
hostiles, des partisans d'un régime déchu
ont pu sérieusement menacer le gouvernement inauguré en 1852 par le suffrage
universel. Assez de dangers sont immi-
nents, assez de points noirs se montrent à
l'horizon pour ne point s'inquiéter de chi-
mères et se troubler par suite de terreurs
puériles. Laissons en ce moment Washing-
ton ou César, Camille Desmoulins ou Ba-
bœuf. Faisons abstraction de la main qui
dirige, et examinons les conditions de sécurité, de stabilité, offertes par le régime
gouvernemental actuel : en premier lieu
les conditions morales et matérielles dans
lesquelles se trouvent aujourd'hui les
différentes classes sociales.

Voyons, à grands traits, quel est en
ce moment en France l'état des classes
pauvres, — si ce mot lui-même ne semble pas un anachronisme. Avant tout,
distinguerons-nous le travailleur professionnel du travailleur des champs ? cela
n'est pas indispensable. Le travailleur
professionnel ou l'ouvrier de la ville,
ainsi que le travailleur agricole, ont été,
l'un et l'autre, l'objet d'une sollicitude

si paternelle et si anxieuse à la fois, que,
grâce à l'augmentation progressive des
salaires, le bien-être de tous se trouve
augmenté dans des proportions considérables.

L'ouvrier de la ville s'est assuré non-
seulement la satisfaction des besoins de
son existence, de celle de sa famille ;
mais il est en bonne voie de s'assurer *un
nécessaire* de logement, de vêtement, et
un accessoire de douceurs et de loisirs
inconnus jusqu'à ce jour. Il jouit d'ailleurs d'écoles gratuites, qui lui permet-
tent d'élever ses enfants sans déplace-
ment, d'institutions de bienfaisance pour
parer à ses infortunes, d'hôpitaux pour
recevoir ses vieillards infirmes. Il sup-
porte bien une concurrence sérieuse de
la part des mauvais ouvriers accourus du
dehors ; mais le travail augmente sans
cesse, et le salaire ne diminue point : au
contraire. Pourquoi se plaindrait-il ? il
vit bien au jour le jour, en cela qu'il
élève ses dépenses journalières, de né-
cessaires ou de superflu, au niveau de ses
ressources, et ne fait aucune épargne
pour les mauvais jours ; mais Dieu ou

le progrès y pourvoieront ! — L'ouvrier
de la campagne a les mêmes avantages
à peu de choses près. Il gagne un peu
moins peut-être ; il a moins d'occasions
de dépenses. Il pourrait, par des écono-
mies sagement calculées, acheter un lo-
pin de terre dans le voisinage, ou se
fixer chez le paysan riche par un mariage ; cela lui arrive parfois ; mais le plus
souvent il faudrait une dose de philosophie
au-dessus de ses forces. Il pratique un
métier qui lui semble obscur, indigne,
pénible, peu lucratif ; en définitive son
camarade citadin se fatigue moins ; il a
des salaires plus élevés, et des avantages
indirects bien supérieurs aux siens. Pourquoi ne se plaindrait-il pas ?

Nous ne parlerons point ici du paysan
et de l'industriel des villes. Les uns enflés par les profits nets des salaires et du
prix de leurs denrées, les autres enflés
par les profits prélevés sur la bonne foi
du consommateur, ont remplacé le bourgeois de l'ancien régime : c'est la classe
moyenne de la société moderne, propre
à produire des *conservateurs-nés*.

Voyons la classe riche. — Le riche

propriétaire terrien, soumis à des charges lourdes, à des augmentations de salaire sans cesse croissantes, en butte à
des exigences toujours plus grandes de
la main-d'œuvre, fatigué des transac-
tions laborieuses, difficiles, engendrées
par la culture industrielle, séduit enfin
par la perspective des placements mobi-
liers, il aliène son patrimoine ; il se rend
à la ville où il trouvera une vie plus facile, commode et agréable, une aisance
luxueuse ; mais où il trouvera aussi les
difficultés inhérentes à sa nouvelle condition. — Le gros citadin a vendu ses
propriétés immobilières : il a *réalisé ;*
mais c'est à peine si ses rentes lui suf-
fisent. Balance faite de ses profits et
pertes, il peut pourvoir aux nécessités de
sa position sociale. Il se rend au sein
de la grande ville, dans la capitale, — à
la fois moderne Babylone ou moderne
Capoue ! — et de même que la noblesse
à la cour de Louis XIV, elle y mène une
vie de luxe et de plaisir. Cependant comme la satisfaction des besoins fait naître
des nécessités toujours plus absolues,
l'homme riche s'est lancé dans des spé-

culations de bourse, d'autant plus aventureuses qu'elles sont plus séduisantes par les promesses ; et bientôt nous avons vu des déceptions annoncer, pour ces petits-neveux des habitués de la rue Quinquenpoix, la ruine et la honte, tandis qu'un grand nombre déguise encore ses mécomptes sous des dehors trompeurs. La seule chose apparente c'est que ses besoins sont toujours plus grands et plus pressants.

Il est constant que nul dans la société contemporaine n'est satisfait de son lot. Il y a surexcitation du désir d'améliorer son sort ; il y a déclassement général des fortunes. Le travailleur des campagnes veut devenir ouvrier de la ville ; le travailleur des villes veut devenir bourgeois ; le bourgeois veut devenir rentier ; le rentier veut être nabab ! mais à coup sûr celui qui ne pourra gravir un échelon, voudra que son fils le gravisse pour lui.

Quelques optimistes pourraient ici répondre : il en fut toujours ainsi. Le bon Lafontaine disait, il y a deux siècles :

Tout bourgeois veut bâtir comme les grands seigneurs,
Tout petit prince a des ambassadeurs,
Tout marquis veut avoir des pages.

Recherchons si ce mal ne se produit point dans des conditions exceptionnelles ; si nos institutions présentes n'ont pas contribué, dans une grande mesure, à ce désordre moral. Recherchons si le gouvernement qui nous régit, dans son désir peut-être de détourner le fluide haineux qui menaçait d'éclater entre les classes diverses, et peut-être aussi dans son désir de caresser l'élément qui lui était sympathique, s'est efforcé de conjurer le danger de cet ébranlement imminent et général des positions sociales, s'il n'a point favorisé avec une complaisante partialité, les tendances ambitieuses des classes inférieures, flatté leurs espérances, satisfait trop largement peut-être leurs aspirations.

Eh bien, si nous considérons les lois faites sous l'empire, de nombreuses lois concédées à l'esprit de rénovation aventureuse, nous trouvons, à part celles qui règlent les institutions de bienfaisance, des lois établies dans l'intérêt du consommateur sans trop grand souci de l'intérêt du producteur : par exemple, les lois d'abolition de l'échelle mobile, de la libre entrée des céréales, du libre échange, celles qui intéressent la liberté de la boulangerie , etc. — Si nous suivons la nomenclature des mesures économiques et politiques depuis celles qui regardent la liberté des théâtres, l'impôt sur les voitures, jusqu'à la loi militaire, nous trouvons des lois *d'amour,* faites dans l'intérêt presque exclusif des classes ouvrières. Que dire de la loi sur les coalitions et les associations syndicales ?—des mesures de dégrévements, accordés à Paris sur toutes les locations jusqu'à 400 fr ? de l'inimixtion du gouvernement dans les tarifs d'octroi établis par les communes, dans le but avoué de dégréver les taxes sur des denrées de luxe, telles que le sucre, le café, etc..? de la suppression de l'art. 1781 du code civil et de la suppression des livrets ?.... de telles questions faisaient naître il y a peu de temps encore les plus sérieuses appréhensions parmi les juristes : leur solution était traitée d'utopie ; ceux qui la proposaient étaient appelés *socialistes.* Aurions-nous fait du socialisme, comme M. Jourdain faisait de la prose ? —

Or cette condescendance a-t-elle produit le résultat attendu ? — c'est le siècle des ouvriers, a dit M. Gladstone : comme il serait vrai de dire que ce siècle est celui de la charité et de la bienfaisance. Sans doute. Aussi nous ne voulons pas nier qu'il a été obtenu dans ces diverses voies de grands résultats ; nous ne voudrions pas davantage prétendre qu'il n'y a plus rien à glaner dans le domaine de la philantropie. Nous ferions tout au plus une réserve, c'est qu'en toutes choses, il y a une mesure ! — mais les améliorations notables, considérables par rapport aux générations passées, relativement insuffisantes pour les générations présentes, constituent-elles pour nos populations un état de bonheur parfait, tout au moins relatif ? — Ah ! si elles pouvaient comparer le grand pas qui a été fait dans l'adoucissement du sort des classes laborieuses, elles supporteraient avec plus de patience les entraves qui s'opposent à une marche du progrès plus rapide ! mais non, les conquêtes faites sont de droit ; on ne sera satisfait que par la concession immédiate de ce qui reste à faire. Malheureusement , vérité peu nouvelle et point consolante, le bonheur absolu n'est pas de ce monde !

Reportons-nous à un demi-siècle en arrière. Quel campagnard se souvient aujourd'hui de l'isolement qui résultait pour lui de l'absence de voies de communication, du défaut de foires et marchés pour trafiquer de ses bestiaux et de ses produits, de la privation d'écoles pour donner à ses enfants les premiers éléments de l'instruction ? Avait-il des habitations confortables, des vêtements aussi peu grossiers ? Se procurait-il une nourriture aussi substantielle et certaines douceurs de la vie qui accompagnent l'aisance ? Quel citadin pouvait comme aujourd'hui respirer un air salubre, jouir la nuit d'une lumière aussi éclatante que celle du jour, et s'abreuver d'une eau limpide comme celle d'une source ? Avait-il la sécurité que donne la police des cités, des magasins d'industrie brillants pour l'ornementation et la commodité de sa demeure, le renouvellement de ses costumes, l'approvisionnement de ses subsistances? — Quel homme ne devrait s'estimer heureux de vivre en un temps où toute facilité lui est donnée d'arriver à la fortune? où les dépenses augmentent sans doute, mais où les ressources grandissent proportionnellement en raison de la richesse générale? en un temps où les communications nombreuses, la locomotion rapide, où le développement des relations internationales donnent au commerce un essor inouï?...

En somme, les besoins sont satisfaits dans la mesure du possible, les exigences sont-elles moins grandes? Les rapports entre les hommes des diverses classes sont-ils plus faciles, moins tendus, moins envenimés? Cette cupidité contre les riches, la haine contre l'ordre social moins profond? — Hélas !

Dès lors demandous-nous où doit nous conduire cet abaissement rapide de la fortune des classes riches, cette élévation incessante du bien-être dans les classes inférieures, — le nivellement qui tend à se faire par le partage des patrimoines, le mouvement de l'instruction ? etc… cette soif inextinguible d'égalité dans les masses populaires qui étouffe tout sentiment de respect pour la fortune légitimement acquise par la naissance, le talent, et les détourne du travail ? et cette soif vertigineuse du bien-être, qui anéantit, dans toutes les classes tout sentiment de prévoyance et nous livre tous sans défense à la fatalité ?…

Où cela doit nous conduire ? de deux choses l'une ! à un état de servilisme général, d'ilotisme sous l'autocratique autorité d'un sultan, ou de sujetion égalitaire sous un régime absolu d'omnipotence parlementaire, sorte de convention *perfectionnée*, avec présidence héréditaire, à la manière des César du bas empire, ou élective, à la manière de la grande république du nouveau monde.

Certains philosophes socialistes ont déjà préconisé ce système qui consisterait à nous faire tous enfants de l'État, à la condition d'abolir le droit d'hérédité, c'est-à-dire la famille, et de faire de l'État le distributeur de toutes les récompenses, c'est-à-dire d'abolir le droit de propriété à son profit. — Tout cela au nom de la liberté ! — Mais à vrai dire, nous n'avons jamais cru à la durée d'un tel régime, alors même que les classes relativement les plus aisées, par terreur ou lassitude, consentiraient à se dévouer au despotisme digne du plus céleste empire. — La nation la plus civilisée du globe, — d'après ses historiens, — ne pourrait point consentir à descendre à ce degré d'abjection. — Et puis, il faut se demander si la hiérarchie des classes n'est point chose essentielle dans une société bien constituée. Beaucoup ont dit que les classes intermédiaires sont un instrument utile au pouvoir, parce qu'elles donnent aux classes inférieures l'exemple du respect aux loix ; utile au peuple, parce qu'elles obtiennent des classes supérieures les améliorations que le progrès comporte. Le plus grand devoir du gouvernement d'un État doit être de protéger la bonne harmonie qui doit régner entre les classes ; selon nous, cette hiérarchie a été pour l'Angleterre la garantie meilleure de la durée et de la force de sa constitution.

Il faudra donc opter pour un système de représentation populaire, consistant en une assemblée législative avec monarchie héréditaire ou présidence élective ! Une assemblée avec monarchie héréditaire, nous voulons dire un souverain — *non responsable*, — car l'hérédité exclut la responsabilité, — ou un président électif et personnellement responsable. — Très-bien! mais avec l'un de ces régimes quelqu'il soit, il faut bien admettre qu'une classe riche aussi bien qu'une classe pauvre doivent coexister dans l'Etat; qu'il faudra les protéger également, sous peine d'arriver à l'oppression d'une classe au profit de l'autre, à l'injustice, à la révolte, aux révolutions ! Ce serait la décadence à son dernier période ; la ruine de la société française, qu'il faut conjurer à tout prix !!!

Napoléon Ier s'était flatté de donner à Talma un parterre de Rois ! — Napoléon III ne peut vouloir donner à l'Europe le spectacle d'une nation exclusivement composée d'ouvriers industriels ou agricoles ! Un peuple de citoyens ayant en honneur le travail, — soit ; — mais un peuple d'ouvriers-citoyens ! Un tel lit de procuste est une chimère : car tel homme aujourd'hui est ouvrier, qui ne le sera plus demain, s'il a su acquérir le bien-être pour le conserver par l'économie ; et tel homme qui n'est point ouvrier doit infailliblement le devenir, si le travail ne consolide point sa fortune ou s'il la dissipe par ses prodigalités. C'est plutôt dans cette alternative même que se peut trouver la garantie la plus efficace d'un régime de vraie liberté. — Quant à nous, nous avons la ferme croyance qu'un semblable régime ne pourrait offrir à la durée de l'Empire plus de garantie que la concession successive des lois agraires n'en offrit à Rome pour consolider l'autorité du principe républicain.

III.

Nous voulons tirer nos conclusions de cette esquisse rapide.

Le régime du gouvernement qui nous paraît le mieux convenir à la France, et qui peut se réaliser sans modifications trop radicales aux institutions que la nation s'est donnée, est celui d'un système représentatif, autrement dit d'une assemblée populaire élective pour la confection des lois, avec une autorité exécutive, dont le chef héréditaire administre sous la responsabilité de ses ministres. — La responsabilité du monarque écrite dans la constitution est purement nominale. — Avec ce système de pondération, pratiqué en Angleterre et qui tend à se propager dans toutes les nations de l'Europe, il est possible d'assurer au pays la sécurité dans le présent, la stabilité dans l'avenir.

Toutefois ce régime quel qu'il soit ne peut être plus libéral que les mœurs de la nation ne le comportent ; il ne saurait être plus démocratique que les représen-

tants du peuple souverain ; il ne saurait
concéder des immunités sans se confor-
mer aux lois de l'équité et de la raison.
La règle en pareille matière est que les
ministres d'un tel régime doivent suivre
le mouvement des esprits et non point le
devancer.

Dirons-nous à cette heure, à la manière des philosophes moralistes, que le
gouvernement d'un état a pour devoir de
veiller à l'indépendance des magistrats,
de respecter et de faire respecter les ar-
rêts de la justice ; — de soulager, dans la
mesure du possible, les populations des
charges qui pèsent sur elles ; — de pourvoir à l'administration sévère des deniers
publics, à la satisfaction des intérêts moraux et matériels du peuple ? — Ajoute-
rons-nous, ce qui peut paraître une ba-
nalité, que le pays a droit de demander
que ses mandataires défendent avec éner-
gie les grands principes sur lesquels la
société repose, attaqués aujourd'hui avec
tant d'audace : La religion, cette seconde
providence qui, suivant une auguste pa-
role, nous apprend à bien vivre et à bien
mourir ; la famille, ce levain de tout tra-

vail, de tout dévouement, de toute affection ; la propriété, fruit du travail et témoignage palpable de l'épargne pendant plusieurs générations !...

Ces principes sont élémentaires ; et il ne nous coûterait point de dire que le gouvernement de l'Empire a défendu ces principes d'ordre et de conservation et qu'il a mérité la sincère reconnaissance de la nation.

Ce que nous devons demander à ceux qui nous gouvernent, c'est de s'occuper des abus qui annoncent la corruption des mœurs et des tendances fâcheuses, capables d'entraîner le corps social à sa dissolution. Ce que nous devons faire, c'est transmettre à nos représentants nos impressions particulières, éclairer nos mandataires sur les besoins, les désirs des populations, sur les courants d'opinion, la direction des esprits, les caprices de la foule, et les inviter à régler leur conduite d'après les aspirations nettement accusées et à réfréner les excès. Car, de même que les petites causes produisent souvent les grands maux, les petits remèdes peuvent conjurer, parfois et pour longtemps, la décadence des états. Des rayons lumineux imperceptibles convergeant vers une même point, produisent un foyer brûlant et plein d'éclat.

Un des plus grands maux dont nous semble affligée la Société française en ce moment, nous l'avons déclaré plus haut, est sans contredit la désertion de l'agriculture : cette répulsion qui fait que l'ouvrier abandonne la culture des champs, et cette séduction qui attire l'ouvrier vers la cité prochaine. Nous avons déjà signalé ce mal et nous en avons indiqué rapidement les causes.

Le remède est complexe. Nous le trouverions d'abord dans la réduction des armées permanentes. Entretenir en temps de paix une armée aussi puissante qu'en temps de guerre, nous a toujours paru une anomalie déplorable : c'est priver le pays du fruit du travail de la portion la plus virile de la nation ; vouer au célibat un nombre considérable de sujets sains et dans la force de l'âge ; diminuer le chiffre de la population ; — favoriser enfin la démoralisation d'une jeunesse plus avide de plaisir, que susceptible de

se diriger par les principes de raison. —
des faits ! Charles VII, le premier en
France, eut quarante mille hommes de
troupes régulières ; Louis XIII en eut qua-
tre-vingt mille. Nous avons présentement
six cent mille hommes sous les armes. Le
progrès peut-il vouloir que tout citoyen
électeur soit soldat, que chaque femme,
vieillard ou enfant, soit muni d'une arme
défensive ! — Subsidiairement, pourquoi
ne pas prévenir les conflits armés ? que
prouvent, que produisent les guerres ?
quelles calamités immenses n'entraînent
point au contraire les engins de destruction modernes ? et pourquoi les nations
dissidentes ne videraient-elles point leur
litige à la manière du dernier différend
Gréco-Turc, par l'arbitrage d'aréopages
internationaux ? Il ne peut y avoir jamais
impossibilité d'employer cette manière de
procéder.

2° Dans la modération des travaux
d'embellissement des villes. Sous prétexte
d'utilité publique, les Corps municipaux
des communes urbaines entreprennent
des travaux publics, dont l'utilité n'excu-
serait pas toujours l'exécution immédiate.

Ces travaux ont pour conséquences : de produire des agglomérations dans les villes ; d'augmenter la classe ouvrière des professions industrielles, partant le nombre des consommateurs, aux dépens de celui des producteurs ; de rendre inévitable la création de nouveaux travaux pour préserver l'ouvrier du chômage ; enfin de grêver les budgets des villes d'une manière extraordinaire et permanente. — Les dépenses seules de Paris depuis l'établissement du second Empire s'élèvent à deux milliards.

3° Dans la diffusion plus judicieuse de l'instruction publique. L'instruction primaire est indispensable, sans contredit. Qu'elle soit gratuite, pour notre compte nous n'y trouverions point à redire ; mais que l'instruction secondaire, destinée à recruter le personnel des professions libérales et des fonctions publiques, ne soit pas prodiguée à tous ceux qui la veulent recevoir. C'est un appat menteur : chaque sujet devient candidat aux fonctions publiques ; chaque candidat se juge plus digne de devenir titulaire ; chaque évincé, — et Dieu sait si le nombre en est grand,

— est un déclassé misérable. Qu'a gagné la société à cette largesse ?

4° Dans la restriction mesurée des faveurs accordées à l'industrie des villes. La liberté de l'industrie est un dogme de 89 ; nous n'attaquons point le dogme : seulement les abus. — Les corporations donnaient autrefois aux villes les ouvriers de toute profession en nombre déterminé et restreint ; mais l'ouvrier offrait des garanties de capacité, et le sentiment de sa responsabilité était un frein salutaire. La liberté de l'industrie a occasionné une concurrence préjudiciable au bon ouvrier, préjudiciable au client : en un mot l'industriel a le droit de vendre plus cher un plus mauvais travail. Il faudrait pratiquer un système de limitation pour prévenir les excès. N'y a-t-il point des professions libérales ou autres qui soient réglementées pour des motifs supérieurs d'utilité publique ? — Mais ce n'est pas tout. Il est certain que les faveurs spéciales dont les ouvriers des villes jouissent, par exemple les institutions de crédit et de bienfaisance, notamment les crèches, les salles d'asile, les sociétés de charité, les hôpi-

taux, les caisses d'épargne, les sociétés
de secours mutuels, etc... Toutes institutions qui existent d'une manière incom-
plète au profit des habitants des campagnes, quand elles ne sont point à l'état de
projet, sont un stimulant énorme pour
l'émigration de ces derniers.

Voilà sans doute quelques moyens d'at-
ténuer la gravité du mal que nous avons
signalé. Chacun n'a peut-être pas une
efficacité complète ; mais combiné avec
les autres, il produirait certainement des
effets prompts et salutaires. Nous en
trouverions beaucoup d'autres ; ce qu'il
importe, c'est de combattre le mal sans re-
tard.

Deux faits nous démontrent l'urgence
extrême d'aviser : ils résultent d'une
diminution du chiffre de la population,
proportionnellement plus grande dans
les campagnes que dans les villes, —voire
même d'une diminution réelle du chiffre
de la population en France : 1° l'émigration à l'étranger ; 2° la diminution
des naissances.

Eh! quoi, il peut se rencontrer en Fran-

ce des contrées si infertiles et si inhospita-
lières que le chiffre de l'émigration soit
aussi élevé ? — mais la raison proclame
la doctrine de Malthus insensée : chaque
travailleur doit au moins gagner son
pain et celui de sa famille. Ils nous appa-
raît à nous que plus un pays aurait d'habitants, plus le pays devrait être riche !
Prenons pour exemple le département du
Lot. Le dénombrement fait en 1861 a
donné le chiffre de 295,542 habitants et
le dernier a donné le chiffre de 288,919
seulement : différence en moins 6,623
habitants.

Le chiffre des naissances n'équilibre
plus en France le nombre des décès ;
les registres de la statistique démontrent
que la population est en décroissance !
—Y aurait-il dégénérescence de l'espèce
humaine ? ou plutôt les lois de la morale
naturelle et religieuse sont-elles impuis-
santes à dominer les sentiments d'un vil
égoïsme qui mesure le nombre des enfants
procréés par le mariage ? Nous nous sou-
venons avoir lu que, dans les fêtes publiques instituées en l'honneur de la Mater-
nité, au temps de la révolution fran-

çaise, des bannières populaires étaient portées processionnellement, sur lesquelles on avait écrit : femmes, donnez des enfants à la Patrie! nos lois seraient-elles donc moins humanitaires de nos jours ?

Pendant la période triennale 1862, 1863, 1864, le chiffre des naissances dans le département du Lot excédait celui des décès de 1249 ; pendant la période triennale suivante, le chiffre des naissances excède celui des décès de 948 seulement.

Voilà comment l'agriculture, — question secondaire pour beaucoup de contrées, l'Angleterre par exemple, mais capitale pour la France, — se rattache à toutes les questions politiques les plus brûlantes. — Voilà d'un autre côté les principes sur lesquels on doit attirer l'attention du chef de l'État, et qui doivent faire l'objet des ordres à donner aux mandataires du peuple. Par leur importance et leur opportunité, combien ils sont plus dignes d'attention que les misérables questions de politique et de diplomatie!

Trêve d'ailleurs à ces clameurs publiques en faveur de la liberté : elles nous semblent aussi bien puériles. Nul n'est privé de la liberté de demander la satisfaction des besoins légitimes ; chacun jouit d'une assez grande liberté pour faire le bien du pays. Mais nous n'obtiendrons jamais assez de liberté pour contenter les désirs de ceux qui sont avides de licence. — On a dit et avec justesse, les nations ont toujours la dose de liberté qui convient à leurs mœurs et à leur tempérament. Qui pourrait souhaiter un régime de liberté individuelle pareille à celle que la constitution des États du Nord de l'Amérique laisse fleurir en ce pays? Qu'on nous passe une comparaison vulgaire : Votre voisin a une femme au caractère grave, toute à son intérieur, dévouée à son ménage et à ses enfants, trouverez-vous étonnant que la confiance la plus entière lui soit témoignée par son époux et qu'une ample liberté lui soit accordée? Au contraire, ce cher voisin a une femme dont le vrai nom est Fragilité, selon l'heureuse expression du poète : voyons, de bonne foi, trouveriez-vous prudent de lui donner la même liberté, la même indépendance ?—Le mot *liberté* est d'une élasticité singulière ; la liberté est une franchise naturelle, une condition d'é-tat,que vous ne pouvez point revendiquer et que l'on ne saurait point vous refuser. On ne vous interdit que l'abus possible, et cet abus se produit lorsque la liberté, dont vous mésusez, porte atteinte à la liberté de tous. Encor si vous disiez : *des institutions libérales !* — Nous ne voulons point d'autre preuve de la nécessité d'un frein à la tendance fatale aux abus de la liberté dans notre pays de France, — que l'indifférence avec laquelle sont accueillies les concessions faites à l'esprit d'indépendance, la déloyauté avec laquelle sont discutés les principes utiles au développement d'une liberté profitable au pays. — En dépit des sanctions pénales, la liberté de la presse est trop souvent la liberté de diffamer ; et la liberté de réunion est la liberté de professer l'amour de la révolution, de l'athéisme et du communisme.

Voilà l'écueil terrible contre lequel le peuple doit se tenir en garde ! beaucoup d'hommes égarés ou pervers le trompent chaque jour ; ils le traitent ainsi qu'un jeune homme émancipé, pour qui nul obstacle n'est assez résistant. Cependant qu'il ne l'oublie point : il n'y a de durables que les institutions fondées sur la moralité publique, sur une sage appréciation des nécessités sociales En politique surtout, agir avec précipitation, manifester une impatience trop vive, c'est reculer le moment de posséder l'objet de ses désirs. Car tel est le cycle fatal dans lequel on roule : révolte, anarchie, dictature !

Nous eussions pu traiter avec plus de développement un sujet bien vaste, un sujet aussi digne des méditations de tous ; nous avons voulu le condenser en raison des circonstances présentes. Cette ébauche, nous la dédions à notre province, qui pourrait plus qu'une autre peut-être, profiter des avantages qu'elle sollicite. Puissent ses mandataires obtenir la concession de quelques-uns ! ils auraient bien mérité de leur pays ; et la législature elle - même n'aurait pas été stérile. Qu'au moins ils s'appliquent à défendre les principes sur lesquels l'équilibre social repose ! nous sommes assurés d'a-

vance que nul ne les désavouera. — Un
dernier mot, en terminant, aux classes
éclairées et aux classes aisées, à qui nous
nous adressions au début de ce travail.
Au temps de Pertinax, l'empire était à
l'encan : nous savons tous qu'en Angleterre, le résultat de l'élection appartient
au plus offrant et dernier enchérisseur :
à certains indices, certaines intrigues,
nous avons cru déjà reconnaître qu'on
s'efforçait d'introduire les mœurs an-
glaises ou même américaines dans nos
comices électoraux : il ne le faut point.
Il faut conserver à ces assemblées la di-
gnité qui convient à une grande nation.

D'ailleurs un courant d'opinion, plus
instinctif que rationnel, pousse les classes ouvrières vers un libéralisme sans
nom, prôné par des empiriques politiques : par exemple, celui qui s'agite dans
les clubs de la capitale et qui a pour organe des orateurs qu'on appelle socialistes et que je nomme *convulsionnaires !*
déplorable tendance ! nous aussi nous
aimons la liberté, — la preuve en découle
surabondamment de tout ce qui précède,
— la liberté progressive et réglée, com-

me la partie moyenne et la plus nombreuse de la population l'aime et la voudrait pratiquer. Pour la défendre, il faudrait des hommes d'expérience et de science, de conviction et de talent, capables d'éclairer et de résoudre les redoutables problêmes de la société moderne ; — de ces hommes qui se trouvent également distants des doctrines contradictoires, — que n'animent point l'égoïsme, un orgueil présomptueux, qui pratiquent la tolérance et dominent les fureurs des partis par la modération. Ceux-là sont d'autant plus méritants que leur désintéressement les rend souvent victimes de l'injustice des partis extrèmes. Voilà des hommes que nous voudrions voir appeler dans nos congrès politiques, véritables *Etats-généraux!* que tout bon citoyen s'applique à les rechercher ; mais n'oublions point que mieux vaudrait cent fois donner le mandat de législateur à des hommes qui n'ont point démérité de l'estime publique, conservateurs avoués, progressifs, sans aucun doute, plutôt que d'élever sur le pavois des hommes nouveaux, taxés d'un libéralisme ardent, insensé, deshonnête.

A. CALMELS.

ÉPILOGUE

Si nous avions publié cette étude avant les élections, vous auriez vraisemblablement dit que, dans notre pays, elle n'avait pas d'objet : mes amis n'y eussent trouvé aucun appui, — mes amis politiques, s'entend; — et mes ennemis, — toujours en politique, — n'en pouvaient souffrir aucune atteinte. Cela était vrai. Je ne concluais pas absolument en faveur du candidat officiel, — notez que j'ai voté pour lui ; — et il n'y avait en concurrence aucun candidat conservateur et libéral à la fois, dynastique et indépendant. Je concluais contre les candidats des intérêts démagogiques ; et aucune candidature de ce genre, — s'il faut en croire les professions de foi, — ne s'est réellement produite. — Je ne pouvais paraître agir que par ambition personnelle ou par le vain désir d'écrire. Je me suis abstenu.

A cette heure vous jugerez, dans le calme, si les élections ont donné, en quelque mesure, une consécration à nos principes.

C.